AF227516

ADRESSE

A

LA CHAMBRE DES DÉPUTÉS,

SUR LE RAPPEL DES BANNIS,

L'ORGANISATION DES VÉTÉRANS ET LE RENVOI DES
SUISSES.

PAR FAYOLLE,

AUTEUR DES DIVERSES BROCHURES SIGNÉES PAUL.

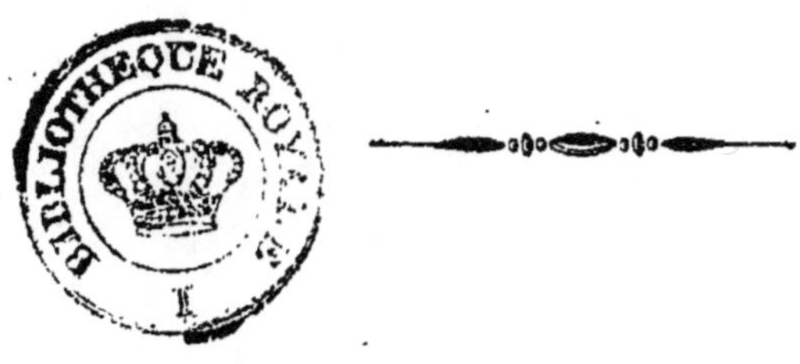

A PARIS,

Chez LADVOCAT, Libraire, au Palais-Royal.

1819.

ADRESSE

A

LA CHAMBRE DES DÉPUTÉS,

Sur le rappel des Bannis, l'organisation des Vétérans et le renvoi des Suisses.

~~~~~~~~~~~~~~~~~~~

<span style="font-variant: small-caps;">Messieurs</span>,

C'<span style="font-variant: small-caps;">est</span> au moment de l'ouverture des Chambres qu'il est permis de rappeler que des Français gémissent éloignés de leur patrie, que des étrangers partagent l'honneur de garder le trône, et que le sort des vétérans de la victoire n'est pas encore fixé.

Déjà, Messieurs, dans la dernière session plusieurs d'entre vous ont abordé ces questions, et leurs voix ont été étouffées par des murmures et de bruyants ordres du jour. Cette turbulente agitation a dû vous montrer combien il est facile de s'égarer, puisque des hommes, animés des mêmes sentiments, dirigés par
~~~~~~~~~~~~~~~~~~~

les mêmes principes, ont été si opposés de pensées ; c'est ainsi que plusieurs d'entre vous sont tombés dans les erreurs de 1815, et qu'ils se sont laissé entraîner par le pouvoir qui n'est rien sans la loi qui le fait agir. Alors, dans nos vieux soldats on vous a montré des barbares décimés, dans les Suisses et les Vendéens les seuls soutiens du trône, et dans des hommes innocents devant la Charte, des criminels que l'Europe et la justice devaient poursuivre. Je vois bien des hommes accusés et persécutés, mais je ne vois pas de crimes. La Charte (art. 11) absout les erreurs, les excès, les crimes commis depuis 1789 jusqu'au 2 mai 1814, et depuis cette époque.

L'ordonnance du 24 juillet vous montre des hommes calomniés ; et dans le bannissement des conventionnels on ne peut reconnaître que des hommes accusés par un tribunal illégal, en ce que ce même tribunal a condamné en violant la Charte et les lois. Les événements différents qui se rattachent à ces bannis, innocents devant la loi et réunis par le malheur, me forcent de les diviser en deux classes.

Je comprendrai dans la première classe les hommes désignés dans l'ordonnance du 24 juillet par un prêtre apostat, deux abbés, et Fouché de Nantes ; et dans la deuxième les conventionnels jugés par la Chambre de 1815.

Vous ne pouvez voir, Messieurs, dans l'ordonnance du 24 juillet 1815, que des hommes lâchement sacrifiés par les agents du pouvoir. Le temps vous a prouvé que le débarquement de Napoléon ne fut connu que de lui seul, et qu'il ne dut l'espèce de succès, qui l'enivra pendant trois mois, qu'à l'ignorance et à la faiblesse des ministres en 1814; et si, dans ce temps d'anarchie, des Français prirent les armes, ce ne fut point pour marcher contre leur souverain, mais afin de repousser l'étranger qui menaçait la frontière. Bientôt les désastres de Waterloo décidèrent du sort de Napoléon, et le roi de France reparut précédé de cette magnanime proclamation donnée à Cambrai le vingt-huitième jour du mois de juin. A la suite de l'étranger parurent aussi les ministres de 1814. Par leur stupide ignorance, la monarchie avait failli être renversée : leur conduite passée allait se découvrir; et pour se soustraire au juste châtiment qui les attendait, ils songèrent, au milieu des troubles qu'une nouvelle invasion semblait annoncer, à se justifier par la plus lâche des calomnies. Aussitôt vous les vîtes inventer des conspirations dans leurs haines particulières, désigner les conspirateurs et décorer leurs listes de proscriptions de ces noms illustres qui rappelaient à l'étranger ses défaites : la France s'en indigna, les souverains de l'Europe en furent effrayés; la calomnie pénétra de nouveau dans le palais des rois; le trône fut environné de terreurs; et au milieu de douze cent mille baïonnettes étrangères, le roi de France, pour sauver ses enfants, fut forcé de signer leur exil. Si, dans ces temps malheureux, il fallut sacrifier plusieurs de ses défenseurs et violer les lois, aujourd'hui les raisons qui existaient, ont entièrement disparu. La

France goûte la paix et la tranquillité, et des armées d'occupation n'envahissent plus son territoire. Enfin, Messieurs, nos frères ont été calomniés, mais l'ombre du soupçon ne peut même planer sur ces victimes ; puisque, malgré les cours prévôtales et les conspirations inventées depuis cinq ans, on n'a pu découvrir un seul conspirateur.

La deuxième classe des bannis se rattache aux événements de 93 ; événements dont un grand nombre ne furent que les malheureux instruments, et que l'article 11 de la Charte couvre d'un voile impénétrable. Si l'humanité se refuse à plaider en faveur de ces bannis, vieillards infirmes et sans défense, la politique commande leur retour. Vous savez trop bien, Messieurs, que la force des états est dans le maintien des lois ; et pour ces bannis la Charte qui garantissait leur liberté a été violée. On a tout sacrifié à la haine de quelques hommes ; on a voulu proscrire et, sans jeter les yeux sur le passé, sans vouloir se rappeler la révocation de l'édit de Nantes et ses suites funestes dont la France fut si souvent le théâtre sanglant, on a voulu proscrire, et pour satisfaire aux fureurs d'un parti, on a oublié les grands intérêts de la nation ; et cependant, ils savent aussi bien que vous que les proscriptions engendrent les guerres civiles et détruisent les Etats en nourrissant les vengeances. Dans la nuit des temps la vengeance aiguise ses poignards, et chaque jour désigne de nouvelles victimes : les vengeances se perpétuent dans l'exil, le père en laisse l'héritage à son fils; et qui sait jusqu'où peut s'étendre le serment qu'exige un banni dans ses derniers instants? la volonté d'un père est sacrée pour un fils. Je le répète, les vengeances se perpétuent dans l'exil, et je crains tout pour l'avenir en songeant aux fils des proscrits.

D'ailleurs, Messieurs, s'il fallait remonter à la source de nos malheurs, nous verrions que les événements de 93 pèsent sur un très-grand nombre de familles, et que la révolution française fut plus d'un siècle à se préparer. Nous verrions, Messieurs, que les folles dépenses de la cour de Louis XIV, la révocation de l'édit de Nantes, les guerres de la succession, le système de Law, la banqueroute de l'abbé Terray, la puissance des courtisanes, la Bastille enterrant ses victimes vivantes, et les priviléges usurpés de ces hommes fiers avec bassesse et corrompus avec orgueil, amenèrent 89. C'est à cette époque mémorable que le peuple français se pénétra de ses droits : il était grand de la gloire qu'il avait acquise à la nation pendant tant de siècles, et il demanda l'abolition des priviléges et l'égalité de tous devant la loi. Ces priviléges furent abolis; mais bientôt, pour les reconquérir, on appela l'étranger, on prépara des invasions; et ces hommes, qui étaient tout par le trône et rien sans le trône, abandonnèrent Louis XVI. Ici, Messieurs, commencent les crimes des révolutions, et leur suite inévitable. Là, c'est la noblesse qui abandonne son pays et son roi, et qui, sous Condé auxiliaire de l'Autriche, marche contre des Français : ici, des agitateurs puissants commandent le crime, poussés et dirigés par des chefs plus puissants encore : plus loin, le massacre des prisons où tout périt, pères, mères, vieillards, enfants. Enfin les crimes succèdent aux crimes, le premier prince du sang vote la mort de son roi, et l'héritier présomptif de la couronne meurt de misère dans un cachot.

Ah! détournons nos yeux de ces scènes d'horreurs et, s'il est possible, perdons en le souvenir! Grâce pour les coupables et justice pour l'innocent accusé! Que ce fougueux *Jamais*, qui a retenti dans votre enceinte, soit enfin apprécié à sa juste valeur! ce mot est atroce, barbare, mais il est encore plus insensé puisqu'il porte atteinte au plus bel apanage que le roi se soit réservé dans la Charte; le droit de faire grâce.

Vous avez dû voir, Messieurs, que d'après la conduite incertaine des ministres, ils ont été, comme un grand nombre de citoyens, la dupe de Fouché et des siens, et qu'ils ont cru que la tranquillité de la France dépendait de l'éloignement de quelques-uns de ses enfants; et que sans violer l'article 11 de la Charte, la Chambre de 1815 avait le droit de s'ériger en cour souveraine pour juger la convention. C'est à vous de rétablir l'inviolabilité de la Charte attaquée par l'exil de nos frères, et de réprimer l'audace de ces ministres, qui par une lâche terreur ou une vaine responsabilité arrêtent l'élan généreux du monarque,

Après vous avoir exposé des faits qui doivent ramener l'intérêt que méritent ces bannis, je vais pour eux, la Charte à la main, réclamer justice.

LA JUSTICE ÉMANE DU TRÔNE.

La Charte dit, article 11.

« Toutes recherches des opinions et votes émis
» jusqu'à la restauration sont interdites; le même ou-
» bli est commandé aux tribunaux et aux citoyens. »

ART. 62.

« Nul ne pourra être distrait de ses juges naturels. »

ART. 63

« Le code civil et les lois actuellement en activité, et
» qui ne sont pas contraires à la présente, restent en
» vigueur jusqu'à ce qu'il y soit légalement dérogé. »

Ainsi, Messieurs, la Charte par son article 62 ne reconnaît pas l'ordonnance du 24 juillet qui bannit des hommes sans jugement; la même ordonnance est rejetée par l'article 68 qui maintient nos codes et nos lois, et qui ne connaît de coupables que lorsque les juges naturels sont convaincus, et que la loi a définitivement prononcé.

L'article 63, qui n'admet ni commissions, ni tribunaux extraordinaires, ne peut admettre la compétence de la Chambre de 1815, et détruit le décret contre les conventionnels, dont l'inviolabilité est si bien garantie par l'article 11, qui défend toutes recherches pour opinions ou votes. Par l'article 11, les votants, confondus avec tous les citoyens, rentrent dans la société, ils sont absous au tribunal des hommes des malheurs de 93 ; et cependant parce qu'ils ont signé l'acte additionnel ou accepté des emplois dans les cent jours comme la plupart des hommes aujourd'hui en place, ce sont de grands coupables, et leur bannissement est décrété ; ils sont incorrigibles, il y a récidive ; mais la loi ne tire pas de conséquences ; elle juge des faits, et la récidive ne se prouve que par un premier jugement.

L'article 11 de la Charte a été maintenu pour les votants qui n'ont ni accepté de places ni signé l'acte additionnel ; et les hommes qui ont accepté des places et signé l'acte additionnel sont reconnus innocents. Il y a donc absurdité à déterminer une peine infamante par la combinaison d'un acte qui absout, et d'une action innocente ! Comment aussi se pourrait-il faire que des hommes, reconnus innocents par l'article 11 de la Charte, soient devenus le 12 mai de grands coupables, pour avoir, comme une multitude de citoyens, signé l'acte additionnel ; action réputée innocente, puisque nul autre que les votants n'a été inquieté ? Il devient donc évident que non seulement la Chambre de 1815 n'avait pas le droit de les juger ; mais qu'elle ne pouvait encore les accuser d'un crime dont ils étaient déclarés absous par la Charte.

. Ainsi les ministres deviendraient coupables s'ils hé-
sitaient plus long-temps à mettre sous les yeux du
roi le rappel des bannis.

Vous aurez après, Messieurs, à acquitter la dette
de la nation en réclamant la réorganisation de la garde
du trône pour ces soldats à qui la France doit tant de
gloire. Vous avez dû, dans vos départements, apprécier leur noble résignation ; et je suis convaincu qu'il
me serait impossible d'augmenter l'intérêt qu'ils vous
inspirent : leurs exploits, leurs lauriers, les souvenirs
qui les environnent, parlent assez pour eux ; et vous
n'avez pu voir, sans un sentiment de respect et d'admiration, la charrue dirigée par ces soldats que
l'ennemi naguères ne pouvait regarder sans trembler.
On a oublié leurs services, on les a peints comme des
brigands et des barbares ; mais après la victoire ils ne
connaissaient plus d'ennemis, et pour adoucir les malheurs des vaincus, on les a souvent vus oublier le soin
de leur propre nourriture. Je ne suivrai point ces illustres guerriers sur ces champs de bataille où leur
obéissance égalant leur courage fixa tant de fois la
victoire. Ils mouraient quand ils ne pouvaient plus
vaincre ; et dans des écrits on a osé les traiter de
soldats indisciplinés et murmurant sans cesse ! le
soldat français sait souffrir, mais il ne murmure jamais :
j'en appelle au maréchal Gouvion de Saint-Cyr et au
chancelier de la légion. L'un et l'autre ont été à même
de les apprécier lorsqu'en 1815 ils effectuèrent le li-
cenciement de l'armée. La conduite de nos braves.

fut sublimé, et on ne savait ce qu'il fallait le plus ad-
mirer ou des faits immortels qui les environnaient,
ou de leur respect pour les lois et de leur dévouement
pour la patrie dans la noble résignation qu'ils appor-
tèrent à effectuer le démembrement.

Depuis cette époque ils n'ont fait entendre aucune
plainte : ils savent pourtant que la légion d'honneur,
qui n'avait été dotée que pour eux, et dont ils ne
touchent qu'une partie, est grevée de pensions particulières, et qu'une bibliothèque inutile y fut portée
sur le budget des dépenses de l'année dernière.

Ils voient des Suisses environner le trône, et ils
aspirent à l'honneur d'occuper ce poste; ils savent
que personne plus qu'eux n'en est digne. Fiers de ce
droit noblement acquis, ils attendent justice en silence
et ils espèrent tout de l'avenir. La mise en activité de
ces vétérans n'augmentera pas même les dépenses
de l'état, puisqu'il suffira des fonds que le budget
du ministre de la guerre affecte à l'entretien et à
l'*achat* des soldats suisses.

Ainsi, Messieurs, la nation sans ajouter à ses
impôts pourra voir ses anciens défenseurs prendre
cette attitude guerrière qui fut 25 ans le modèle et
l'admiration de l'Europe.

C'est alors que le renvoi des Suisses deviendra nécessaire : ces auxiliaires sont inutiles à notre sûreté
et trop onéreux pour nos finances; et si leur con-

duite au 10 août a immortalisé leur fidélité et leur courage, sans vouloir y opposer Pavie, les plaines d'Ivry et le passage qu'ils ont accordé aux Autrichiens en 1814, j'ose dire qu'il est outrageant pour la nation, non seulement de les préférer, mais même de les mettre en concurrence avec des Français pour la garde du trône.

Le gouvernement que nous avons ne ressemble en rien à ceux qui l'ont précédé. Les capitulations de l'ancienne monarchie ne peuvent être continuées sans violer nos lois et le respect qu'on doit à la nation. Dans les temps où les trônes étaient tout pour la noblesse et par la noblesse; où des hommes titrés étaient sans cesse en révolte contre les rois; des troupes étrangères étaient indispensables pour soutenir et défendre la monarchie; mais aujourd'hui les trônes sont tout pour le peuple et par le peuple, il ne veut et on ne doit en confier la garde qu'à lui seul; il n'est plus possible de fasciner ses yeux par l'ombre du despotisme. Chaque jour l'opinion publique se manifeste avec plus de force, et on voit avec douleur l'entretien de 15000 Suisses enlever à 25000 Français le rang et l'existence. Bientôt à la douleur aigrie par l'injustice succéderont les plaintes; et vous avez dû vous pénétrer par les pétitions qui vous furent adressées combien le départ de ces auxiliaires était désiré.

Et comment la France, au souvenir de ses derniers malheurs, pourrait-elle voir des soldats étrangers confondus avec les siens? Elle ne peut oublier, Messieurs, qu'elle n'a dû le désastre de ses armées qu'à la défection de ses alliés; elle se rappelle qu'en 1812 les soldats de l'Autriche, de la Prusse, de la Bavière, de la Pologne, de l'Italie, de la Suisse, marchaient sous ses drapeaux, et qu'en 1814 les seuls Polonais étaient restés fidèles.

Point d'étrangers pour garder la France, point de Suisses pour garder le trône! Le sol de la patrie est couvert de vieux soldats, et on ne peut avoir oublié que livrés à nos propres forces nous avons triomphé de l'Europe coalisée.

Si la gloire nationale refuse d'admettre des étrangers à la garde du trône, la Charte s'élève contre leur admission sans la volonté des Chambres; et si cette Charte laisse au pouvoir exécutif le soin de déclarer la guerre et de faire des traités de paix, d'alliance et de commerce, elle ne peut reconnaître ces traités que lorsqu'ils sont en harmonie avec les lois qu'elle a consacrées. C'est ainsi que le concordat de 1817 attend la sanction des deux Chambres.

Si le pouvoir exécutif, étant chargé de faire les traités de paix et les alliances, avait le droit par des capitulations d'acheter des troupes étrangères et de les payer sur le budget de la guerre, sa puissance serait bientôt plus forte que celle des conquérants qui ne commandent que par le droit de l'épée. C'est alors que les lois céderaient à la volonté des ministres, et que la Charte, qui lie si étroitement le roi à la nation, serait anéantie. De tels malheurs rayeraient la France du nombre des puissances. Il est donc nécessaire d'arrêter ces grandes fautes dans leur origine, afin d'en prévenir les funestes effets.

Point de Suisses! ainsi le réclame l'honneur national: point de Suisses sans la volonté des deux chambres ! ainsi le commande la Charte! Hâtez-vous, Messieurs, de réparer ces fausses interprétations de nos lois ; fautes immenses, mais que le malheur des temps passés a peut-être le droit d'excuser.

Pénétrez-vous bien, Messieurs, de vos devoirs et de vos droits ; gardez-vous surtout d'oublier le principe à qui vous devez votre élection ; n'oubliez pas que, créés par la Charte, vous n'êtes rien sans elle, et que si la Charte est violée, le gouvernement dont vous faites partie est détruit ; et si parmi vous il existait des âmes assez pusillanimes pour s'élever avec le ministère contre le rappel des bannis, que les vertueux citoyens protestent contre cette violation de la Charte, et que cette protestation, en portant leurs noms à la postérité, atteste leur courage et leur dévouement pour la patrie !

Puisse la France vous devoir chaque année de nouveaux bienfaits ! puissions-nous avant la fin de cette nouvelle session voir les Suisses se retirer dans leurs foyers, le trône décoré des vétérans de la victoire, et tous les Français unis et réunis sur le sol de la patrie!

De l'imprimerie de C. F. Patris, rue de la Colombe.